EL PRINCIPIO DE LOS

osos polares
BEBÉS

KATE RIGGS

CREATIVE EDUCATION · CREATIVE PAPERBACKS

TABLA DE

CONTENIDO

SOY UN CACHORRO DE OSO POLAR.

Soy un oso polar bebé.

ojo

pata

Mi madre cavó una <u>madriguera</u>. Ahí es donde nací, durante el invierno.

Me quedé en la
madriguera hasta
la primavera.

Mi madre me lleva
a los hielos marinos.
Mi <u>pelaje</u> es grueso.
Me mantiene
caliente.

(pelaje)

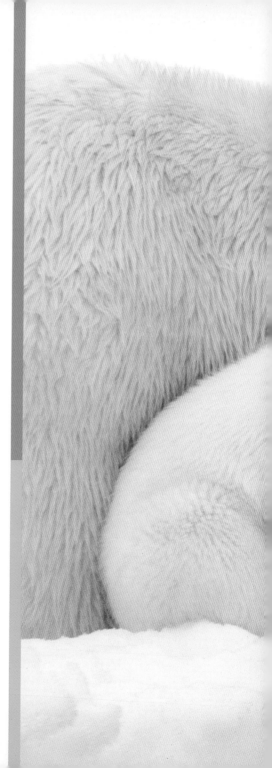

Miro a mi madre mientras caza.

Pronto encontraré
mi propia comida.

HABLA Y ESCUCHA

ROOOO

¿Puedes hablar como un oso polar bebé? Los osos polares hacen zumbidos, resoplan, gruñen, y rugen. Escucha esos sonidos:

https://www.youtube.com/watch?v=qhAHU1hwnj0

¡Ahora es tu turno!

13

PALABRAS BEBÉS

madriguera: un área pequeña y escondida donde descansa un animal

pelaje: el pelo que cubre a algunos animales

ÍNDICE

PUBLICADO POR CREATIVE EDUCATION Y CREATIVE PAPERBACKS
P.O. Box 227, Mankato, Minnesota 56002
Creative Education y Creative Paperbacks
son marcas editoriales de The Creative Company
www.thecreativecompany.us

DISEÑO Y PRODUCCIÓN
de Chelsey Luther & Joe Kahnke
Dirección de arte de Rita Marshall
Impreso en China
Traducción de TRAVOD, www.travod.com

FOTOGRAFÍAS de Alamy (RGB Ventures/SuperStock, Paulette Sinclair), iStockphoto (Milous), Shutterstock (Elena Birkina, Bohbeh, Edwin Butter, Dolores M. Harvey, Eric Isselee)

INFORMACIÓN DEL CATÁLOGO DE PUBLICACIONES
de la Biblioteca del Congreso is available under PCN 2019957392.
ISBN 978-1-64026-457-1 (library binding)
ISBN 978-1-62832-992-6 (pbk)

HC 9 8 7 6 5 4 3 2 1
PBK 9 8 7 6 5 4 3 2 1